OLÁ!

CB061336

VAMOS COLORIR?

PINTE A CENA.

3

DEIXE OS AMIGOS BEM COLORIDOS.

PINTE A CENA.

DE QUE COR VOCÊ VAI PINTAR ESTE DINO?

VEJA QUE PAISAGEM INTERESSANTE!

PINTE A CENA.

8

PINTE OS AMIGOS DINOS.

ESCOLHA CORES DIFERENTES PARA PINTAR OS DINOS.

QUE LINDA AMIZADE!

DEIXE A CENA
BEM COLORIDA.

UMA
SURPRESA!

VEJA COMO O PTERODÁCTILO VOA ALTO!

PINTE A CENA.

DEIXE A CENA BEM COLORIDA.

QUAIS CORES VOCÊ VAI USAR NESTA CENA?

DEIXE A
CENA LINDA.

VAMOS COLORIR?

ESCOLHA CORES BEM LEGAIS PARA A CENA.

PINTE O TRICERÁTOPO.

PINTE A CENA.

ROAR! PINTE A CENA COM CORES BEM LEGAIS.

PINTE OS AMIGOS DINOS.

PINTE O ESPINOSSAURO.

PINTE A CENA DESTE DIA ENSOLARADO.

26

PINTE A CENA.

PINTE O T-REX.

PINTE O DINO
COM CORES
BEM LEGAIS.

DEIXE OS AMIGOS BEM COLORIDOS.

UM LINDO DIA!

DEIXE OS AMIGOS DINOS BEM COLORIDOS.